KB204530

하루 10분! 글씨 쓰기 연습으로
예쁘고 자신감 있는 글씨체를 만듭니다.

한자한자 예쁘게
또박또박 바르게

바른 글씨
바른 마음씨

도서출판
애플

1학년
1-1

바른 글씨
바른 마음씨

초판 1쇄 인쇄 | 2020년 5월 20일
초판 2쇄 발행 | 2020년 7월 10일

펴낸이 | 도서출판 풀잎
디자인 | 부성
펴낸곳 | 도서출판 풀잎
등 록 | 제2-4858호
주 소 | 서울시 중구 필동로 8길 61-16
전 화 | 02-2274-5445/6
팩 스 | 02-2268-3773

ISBN 979-11-85186-83-2 63710

하루 10분! 글씨 쓰기 연습으로
예쁘고 자신감 있는 글씨체를 만듭니다.

한자한자 예쁘게
또박또박 바르게

바른 글씨
바른 마음씨

아무리 못난 손글씨도 바르고 꾸준한 연습으로 예쁜 글씨로 바꿀 수 있습니다.

많은 사람이 예쁘고 가지런한 글씨를 쓰고 싶어 합니다. 예쁜 글씨 모양을 보면 그 글을 쓴 사람의 마음씨와 모습이 궁금해지고, 왠지 모든 면에서 뛰어난 능력이 있는 사람이 아닐까 하는 좋은 기대를 합니다.

예쁜 글씨 모양은 다른 사람에게 좋은 인상을 주는 것 이상으로 중요합니다. 특별히, 일기, 손편지, 숙제, 시험지 답안 등 손으로 글씨를 써야 하는 학생에게 예쁘고 바른 글씨 모양은 내 생각과 마음을 정확하게 전달하는 중요한 역할을 합니다.

그러면 어떤 글씨 모양이 예쁘고 보기 좋은 글씨일까요? 삐뚤삐뚤하고, 크기가 일정하지 않은 글씨, 오르락내리락하는 등 나 아닌 다른 사람이 읽기 힘든 글씨 모양은 좋은 글씨라고 할 수 없습니다.

가지런하고, 또박또박 읽기 쉬운 글씨 모양이 예쁘고 보기좋은 글씨입니다. "바른 글씨, 바른 마음씨"는 가지런하고 반듯한 글씨 쓰기 연습을 할 수 있도록 도움을 줍니다.

예쁘고 가지런한 글씨 모양으로 자신 있고, 정확하게 내 생각을 다른 사람들에게 전할 수 있게 되기를 바랍니다.

바른 글씨 바른 마음씨

이 책의 특징과 글쓰기의 유익

- 익숙하고 친근한 초등학교 1학년 국어 교과서 내용으로 글씨 쓰기 연습을 합니다.

- 글씨 쓰기를 하면서 교과서에 나오는 어휘와 문장을 예습 또는 복습 할 수 있습니다.

- 글씨 쓰기 칸의 옅은 글씨를 따라 쓰면서 자음과 모음의 구조를 잘 이해하게 됩니다.

- 글씨 쓰기는 두뇌발달과 집중력 향상에 도움이 됩니다.

- 정성 들여 쓰는 글씨는 차분하고 안정된 마음을 갖게 합니다.

연필을 바르게 잡는 방법

연필 잡는 방법이 바르지 못하면 손도 아프고 글씨를 예쁘게 쓰기도 힘들어 집니다.
꼭 아래와 똑같은 방법으로 잡지 않아도 되지만 바른 방법을 알려드립니다.

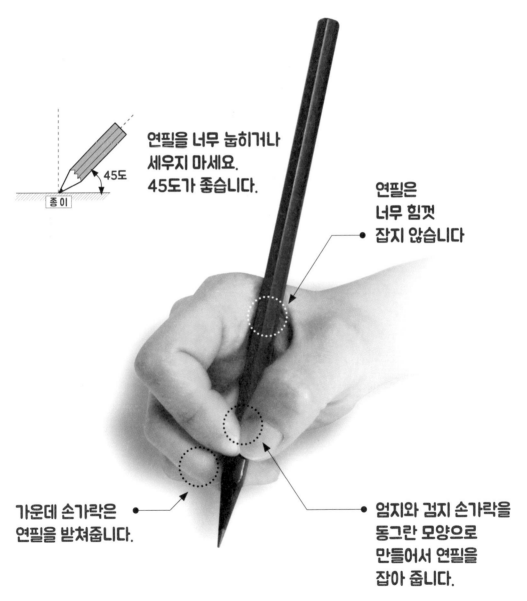

연필을 너무 눕히거나 세우지 마세요.
45도가 좋습니다.

45도
종이

연필은 너무 힘껏 잡지 않습니다

가운데 손가락은 연필을 받쳐줍니다.

엄지와 검지 손가락을 동그란 모양으로 만들어서 연필을 잡아 줍니다.

바른 글씨
바른 마음씨

자음과 모음 따라 쓰기

자음과 모음을 따라 쓰면서
한글 쓰는 순서를 알아봅니다.

- - - - - - - - - - - - - - -

빨리빨리 쓰는 것보다는
천천히 또박또박 따라 써 주세요.

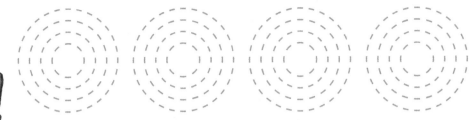

점선을 따라 예쁘게 선을 그어 주세요. 점선은 자음과 모음을 쓸 때 쓰이는 선입니다.

아래 자음과 모음을 소리 내어 읽으면서 쓰는 순서에 맞춰 써 주세요.

꼭!
천천히 정성껏
써주세요.^^

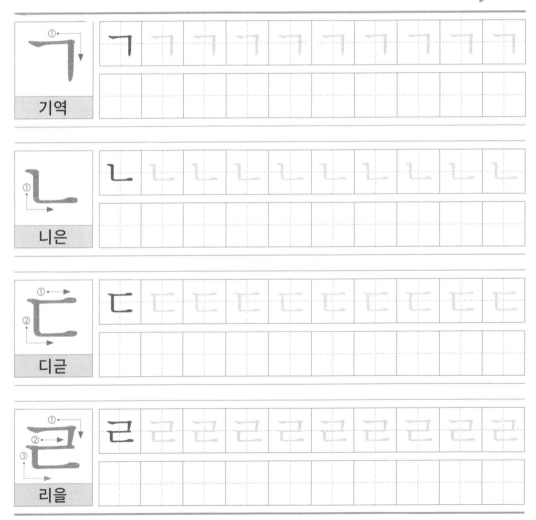

기역

니은

디귿

리을

한자한자 예쁘게, 또박또박 바르게 바른 글씨 바른 마음씨

| 口 | | | | | | | | | |

미음

| 日 | | | | | | | | | |

비읍

| 人 | | | | | | | | | |

시옷

| ㅇ | | | | | | | | | |

이응

| ㅈ | | | | | | | | | |

지읒

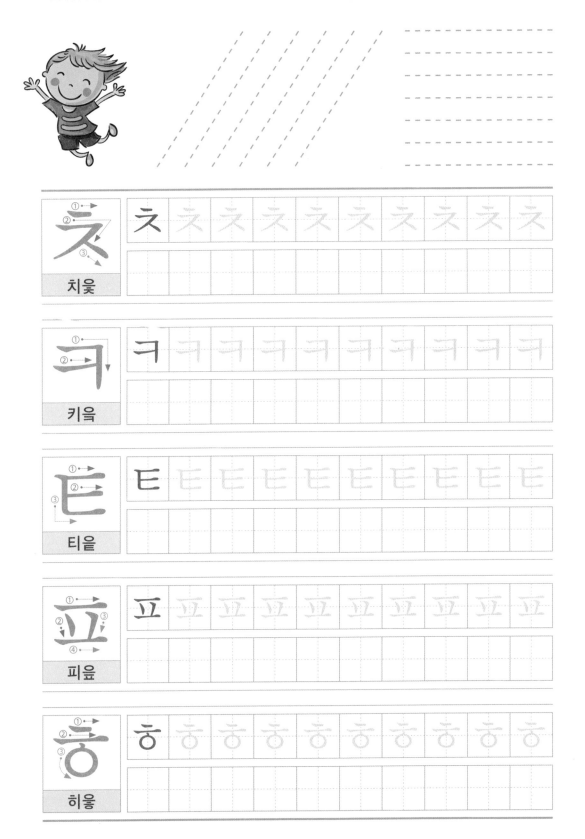

ㅊ ㅊ ㅊ ㅊ ㅊ ㅊ ㅊ ㅊ ㅊ

치읓

ㅋ ㅋ ㅋ ㅋ ㅋ ㅋ ㅋ ㅋ ㅋ

키읔

ㅌ ㅌ ㅌ ㅌ ㅌ ㅌ ㅌ ㅌ ㅌ

티읕

ㅍ ㅍ ㅍ ㅍ ㅍ ㅍ ㅍ ㅍ ㅍ

피읖

ㅎ ㅎ ㅎ ㅎ ㅎ ㅎ ㅎ ㅎ ㅎ

히읗

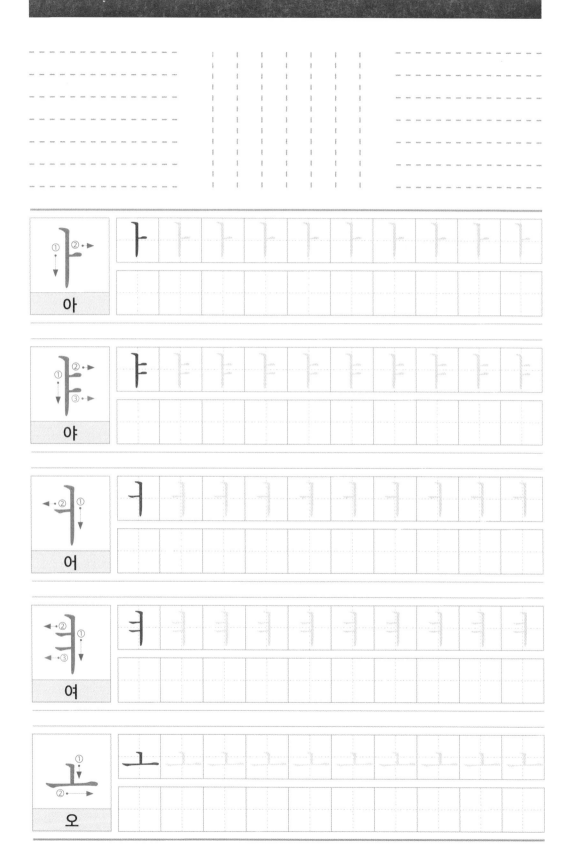

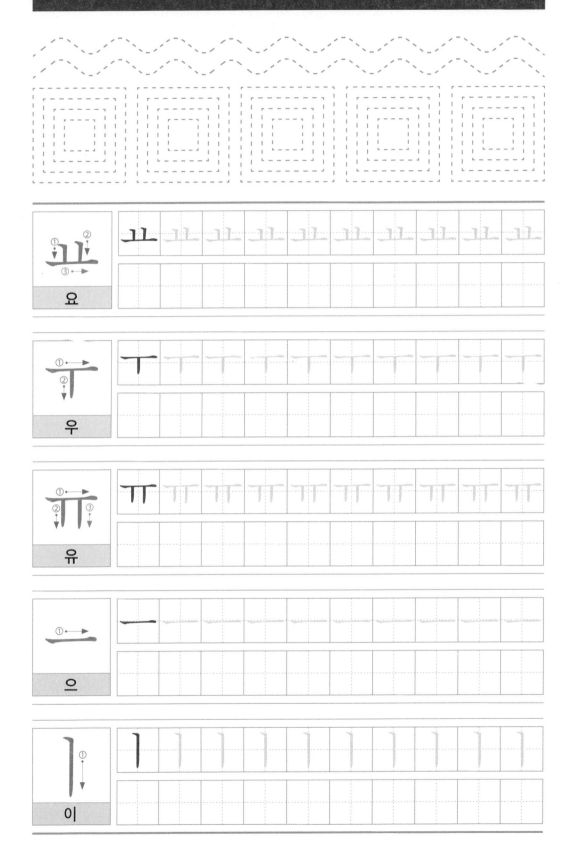

한자한자 예쁘게, 또박또박 바르게 **바른 글씨 바른 마음씨**

자음과 모음 쓰는 순서를 잘 생각하면서 천천히 써 보세요.

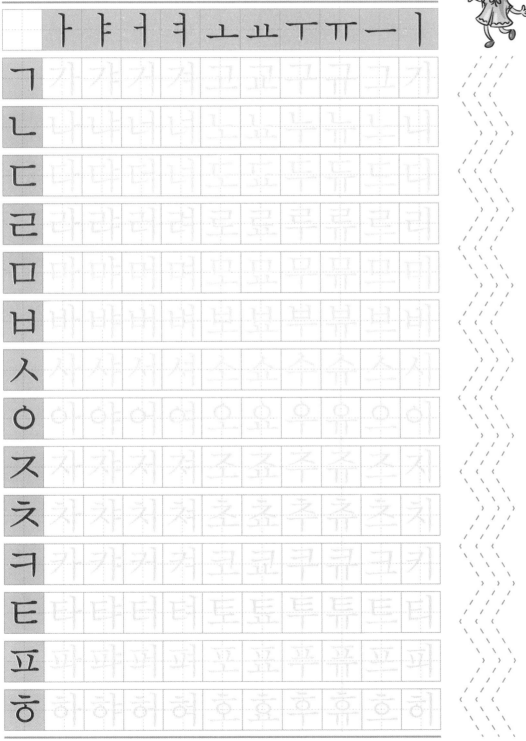

	ㅏ	ㅑ	ㅓ	ㅕ	ㅗ	ㅛ	ㅜ	ㅠ	ㅡ	ㅣ
ㄱ	가	갸	거	겨	고	교	구	규	그	기
ㄴ	나	냐	너	녀	노	뇨	누	뉴	느	니
ㄷ	다	댜	더	뎌	도	됴	두	듀	드	디
ㄹ	라	랴	러	려	로	료	루	류	르	리
ㅁ	마	먀	머	며	모	묘	무	뮤	므	미
ㅂ	바	뱌	버	벼	보	뵤	부	뷰	브	비
ㅅ	사	샤	서	셔	소	쇼	수	슈	스	시
ㅇ	아	야	어	여	오	요	우	유	으	이
ㅈ	자	쟈	저	져	조	죠	주	쥬	즈	지
ㅊ	차	챠	처	쳐	초	쵸	추	츄	츠	치
ㅋ	카	캬	커	켜	코	쿄	쿠	큐	크	키
ㅌ	타	탸	터	텨	토	툐	투	튜	트	티
ㅍ	파	퍄	퍼	펴	포	표	푸	퓨	프	피
ㅎ	하	햐	허	혀	호	효	후	휴	흐	히

자음과 모음 쓰는 순서를 잘 생각하면서 천천히 써 보세요.
빈칸에 빠진 글자를 써넣으세요.

	ㅏ	ㅑ	ㅓ	ㅕ	ㅗ	ㅛ	ㅜ	ㅠ	ㅡ	ㅣ
ㄱ	가	갸	거	겨	고	교	구	규	그	기
ㄴ	나	냐	너	녀	노	뇨	누	뉴	느	니
ㄷ	다	댜	더	뎌	도	됴	두	듀	드	디
ㄹ	라	랴	러	려	로	료	루	류	르	리
ㅁ	마	먀	머	며	모	묘	무	뮤	므	미
ㅂ	바	뱌	버	벼	보	뵤	부	뷰	브	비
ㅅ	사	샤	서	셔	소	쇼	수	슈	스	시
ㅇ	아	야	어	여	오	요	우	유	으	이
ㅈ	자	쟈	저	져	조	죠	주	쥬	즈	지
ㅊ	차	챠	처	쳐	초	쵸	추	츄	츠	치
ㅋ	카	캬	커	켜	코	쿄	쿠	큐	크	키
ㅌ	타	탸	터	텨	토	툐	투	튜	트	티
ㅍ	파	퍄	퍼	펴	포	표	푸	퓨	프	피
ㅎ	하	햐	허	혀	호	효	후	휴	흐	히

자음과 모음 쓰는 순서를 잘 생각하면서 천천히 써 보세요.

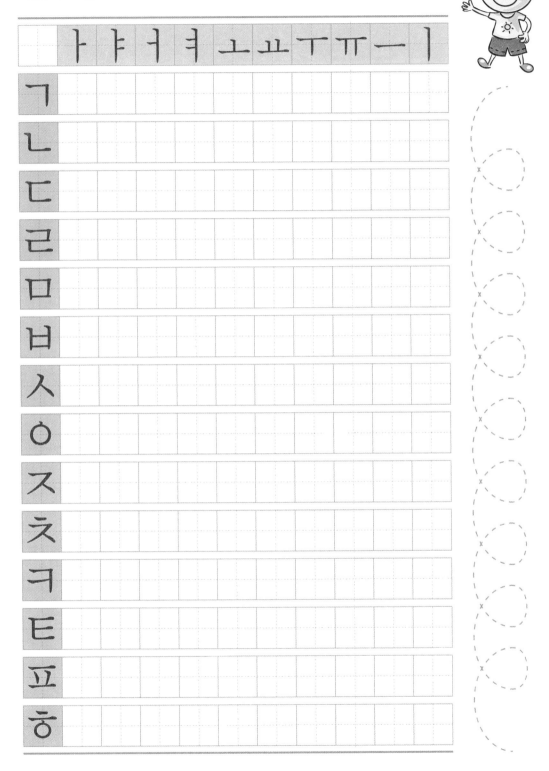

	ㅏ	ㅑ	ㅓ	ㅕ	ㅗ	ㅛ	ㅜ	ㅠ	ㅡ	ㅣ
ㄱ										
ㄴ										
ㄷ										
ㄹ										
ㅁ										
ㅂ										
ㅅ										
ㅇ										
ㅈ										
ㅊ										
ㅋ										
ㅌ										
ㅍ										
ㅎ										

한글 쓰는 순서를 알아봅시다.

잘	⇨	ㅈ	➜	자	➜	잘			

자음(왼쪽)　　　모음(오른쪽)　　　받침

감	⇨	ㄱ	➜	가	➜	감			

자음(왼쪽)　　　모음(오른쪽)　　　받침

따	⇨	ㄷ	➜	ㄸ	➜	따			

자음(왼쪽)　　　자음(오른쪽)　　　모음(오른쪽)

맑	⇨	ㅁ	➜	마	➜	맑	➜	맑	

자음(왼쪽)　　모음(오른쪽)　　자음 받침(왼쪽)　　자음 받침(오른쪽)

해	⇨	ㅎ	➜	하	➜	해			

자음(왼쪽)　　　모음(오른쪽)　　　모음(오른쪽)

바른 글씨
바른 마음씨

단어와 문장 따라 쓰기

교과서에 나오는
단어와 문장을 따라 써 봅니다.

- - - - - - - - - - - - - - - - -

소리 내어 글을 읽고
천천히 또박또박 따라 써 주세요.

소리 내어 낱말을 읽고 천천히 써 봅시다.

학	교	학	교	학	교	학	교	학	교	학	교

너	너	너	너	너	너	너	너	너	너	너	너

우	리	우	리	우	리	우	리	우	리	우	리

친	구	친	구	친	구	친	구	친	구	친	구

선	생	님	선	생	님	선	생	님	선	생	님

한자한자 예쁘게, 또박또박 바르게 **바른 글씨 바른 마음씨**

학교 배 우리집 구름 바다 꽃 햇님

아버지 아버지 아버지 아버지

어머니 어머니 어머니 어머니

아기 아기 아기 아기 아기 아기

나 나 나 나 나 나 나 나 나 나 나

가족 가족 가족 가족 가족 가족

이름

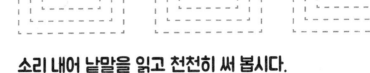

소리 내어 낱말을 읽고 천천히 써 봅시다.

이 름 이 름 이 름 이 름 이 름 이 름

여 우 여 우 여 우 여 우 여 우 여 우

사 자 사 자 사 자 사 자 사 자 사 자

토 끼 토 끼 토 끼 토 끼 토 끼 토 끼

코 끼 리 코 끼 리 코 끼 리 코 끼 리

한자한자 예쁘게, 또박또박 바르게 **바른 글씨 바른 마음씨**

낱	말	낱	말	낱	말	낱	말	낱	말	낱	말

쓰	기	쓰	기	쓰	기	쓰	기	쓰	기

그	림	그	림	그	림	그	림	그	림

거	미	거	미	거	미	거	미	거	미

나	무	나	무	나	무	나	무	나	무

소리 내어 문장을 읽고 천천히 다음 문장을 써 봅시다.

웃는 얼굴 밝은 미소

웃는 얼굴 밝은 미소

웃는 얼굴 밝은 미소

행복한 학교생활 허허허

행복한 학교생활 허허허

행복한 학교생활 허허허

토끼와 자라 하하하

토끼와 자라 하하하

토끼와 자라 하하하

꼬부랑 할머니 호호호

은혜 갚은 두꺼비 히히

글자를 만들어요. 흐흐흐

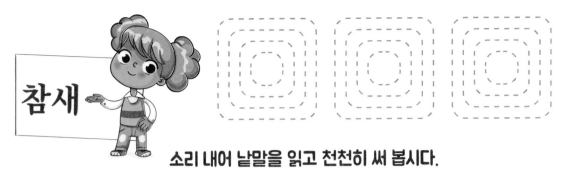

참새

소리 내어 낱말을 읽고 천천히 써 봅시다.

참 새 참 새 참 새 참 새 참 새 참 새

나 비 나 비 나 비 나 비 나 비 나 비

제 비 제 비 제 비 제 비 제 비 제 비

지 우 개 지 우 개 지 우 개 지 우 개

모 자 모 자 모 자 모 자 모 자 모 자

한자한자 예쁘게, 또박또박 바르게 **바른 글씨 바른 마음씨**

좋아요~ 오~~ 와! ~ 멋지다!

바 지 바 지 바 지 바 지 바 지 바 지

바 구 니 바 구 니 바 구 니 바 구 니

동 네 동 네 동 네 동 네 동 네 동 네

물 건 물 건 물 건 물 건 물 건 물 건

정 리 정 리 정 리 정 리 정 리 정 리

소리 내어 낱말을 읽고 천천히 써 봅시다.

자 세 자 세 자 세 자 세 자 세 자 세

재 미 재 미 재 미 재 미 재 미 재 미

자 음 자 음 자 음 자 음 자 음 자 음

모 양 모 양 모 양 모 양 모 양 모 양

톱 톱 톱 톱 톱 톱 톱 톱 톱 톱 톱

호랑이 나무 파도 색연필 물감

나팔 나팔 나팔 나팔 나팔 나팔

다리미 다리미 다리미 다리미

로봇 로봇 로봇 로봇 로봇 로봇

문짝 문짝 문짝 문짝 문짝 문짝

시계 시계 시계 시계 시계 시계

소리 내어 문장을 읽고 천천히 다음 문장을 써 봅시다.

우리 모두 다 같이

우리 모두 다 같이

우리 모두 다 같이

손뼉을 즐겁게 노래해.

손뼉을 즐겁게 노래해.

손뼉을 즐겁게 노래해.

글자를 읽고 쓰기

글자를 읽고 쓰기

글자를 읽고 쓰기

이야기를 듣고 낱말

나의 오른쪽에 있어요.

카드를 각각 나누어요.

오리

소리 내어 낱말을 읽고 천천히 써 봅시다.

오리 오리 오리 오리 오리 오리

자전거 자전거 자전거 자전거

초 초 초 초 초 초 초 초 초 초

컵 컵 컵 컵 컵 컵 컵 컵 컵 컵

판다 판다 판다 판다 판다 판다

한자한자 예쁘게, 또박또박 바르게 **바른 글씨 바른 마음씨**

야옹

장난감

공

고양이

기차

허 수 아 비 허 수 아 비 허 수 아 비

사 과 사 과 사 과 사 과 사 과 사 과

소 리 소 리 소 리 소 리 소 리 소 리

카 드 카 드 카 드 카 드 카 드 카 드

과 일 과 일 과 일 과 일 과 일 과 일

 **가지**

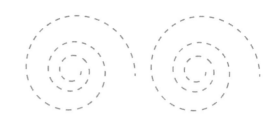

소리 내어 낱말을 읽고 천천히 써 봅시다.

| 가 | 지 | 가 | 지 | 가 | 지 | 가 | 지 | 가 | 지 | 가 | 지 |

| 딸 | 기 | 딸 | 기 | 딸 | 기 | 딸 | 기 | 딸 | 기 | 딸 | 기 |

| 도 | 토 | 리 | 도 | 토 | 리 | 도 | 토 | 리 | 도 | 토 | 리 |

| 레 | 몬 | 레 | 몬 | 레 | 몬 | 레 | 몬 | 레 | 몬 | 레 | 몬 |

| 모 | 과 | 모 | 과 | 모 | 과 | 모 | 과 | 모 | 과 | 모 | 과 |

좋아요~ 신나요~ 야호~ 재미있어요~

복숭아 복숭아 복숭아 복숭아

수박 수박 수박 수박 수박 수박

앵두 앵두 앵두 앵두 앵두 앵두

자두 자두 자두 자두 자두 자두

참외 참외 참외 참외 참외 참외

소리 내어 문장을 읽고 천천히 다음 문장을 써 봅시다.

잠	자	리		오	리		한		마	리
잠	자	리		오	리		한		마	리
잠	자	리		오	리		한		마	리

리	리	리		자	로		끝	나	는		말
리	리	리		자	로		끝	나	는		말
리	리	리		자	로		끝	나	는		말

개	나	리		너	구	리		병	아	리
개	나	리		너	구	리		병	아	리
개	나	리		너	구	리		병	아	리

노래를 불러 봅시다.

몸의 각 부분의 이름

여러 가지 모음자 알기

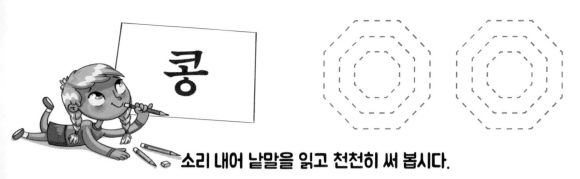

소리 내어 낱말을 읽고 천천히 써 봅시다.

콩	콩	콩	콩	콩	콩	콩	콩	콩	콩

토	마	토	토	마	토	토	마	토	토	마	토

포	도	포	도	포	도	포	도	포	도

호	박	호	박	호	박	호	박	호	박

생	각	생	각	생	각	생	각	생	각

학교　배　우리집　구름
바다　꽃　햇님

파 란 색 | 파 란 색 | 파 란 색 | 파 란 색

기 린 | 기 린 | 기 린 | 기 린 | 기 린 | 기 린

구 름 | 구 름 | 구 름 | 구 름 | 구 름 | 구 름

가 로 등 | 가 로 등 | 가 로 등 | 가 로 등

거 북 이 | 거 북 이 | 거 북 이 | 거 북 이

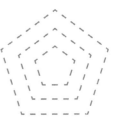

소리 내어 낱말을 읽고 천천히 써 봅시다.

사 슴	사 슴	사 슴	사 슴	사 슴	사 슴

손 가 락	손 가 락	손 가 락	손 가 락

새	새	새	새	새	새	새	새	새	새

산	산	산	산	산	산	산	산	산	산

저 고 리	저 고 리	저 고 리	저 고 리

치 마 치 마 치 마 치 마 치 마 치 마

주 머 니 주 머 니 주 머 니 주 머 니

호 수 호 수 호 수 호 수 호 수 호 수

고 라 니 고 라 니 고 라 니 고 라 니

귓 속 말 귓 속 말 귓 속 말 귓 속 말

소리 내어 문장을 읽고 천천히 다음 문장을 써 봅시다.

선생님이 읽어 주시는

재미있는 이야기를 듣고

친구들과 말해 봅시다.

한자한자 예쁘게, 또박또박 바르게 **바른 글씨 바른 마음씨**

코끼리가 만나는 동물

코끼리가 만나는 동물

코끼리가 만나는 동물

시장에서 볼 수 있는

시장에서 볼 수 있는

시장에서 볼 수 있는

과일의 이름을 써 봐요

과일의 이름을 써 봐요

과일의 이름을 써 봐요

소리 내어 낱말을 읽고 천천히 써 봅시다.

완 성 완 성 완 성 완 성 완 성 완 성

순 서 순 서 순 서 순 서 순 서 순 서

출 발 출 발 출 발 출 발 출 발 출 발

도 착 도 착 도 착 도 착 도 착 도 착

글 씨 글 씨 글 씨 글 씨 글 씨 글 씨

한자한자 예쁘게, 또박또박 바르게 **바른 글씨 바른 마음씨**

좋아요~ 오~~ 와! ~ 멋지다!

생활 생활 생활 생활 생활 생활

축구공 축구공 축구공 축구공

가방 가방 가 방 가 방 가 방 가 방

색종이 색종이 색종이 색종이

신주머니 신주머니 신주머니

함께

소리 내어 낱말을 읽고 천천히 써 봅시다.

함	께	함	께	함	께	함	께	함	께	함	께

붙	임	붙	임	붙	임	붙	임	붙	임	붙	임

딱	지	딱	지	딱	지	딱	지	딱	지	딱	지

보	기	보	기	보	기	보	기	보	기	보	기

찾	기	찾	기	찾	기	찾	기	찾	기	찾	기

호랑이
나무
파도
물감
색연필

읽 기 읽 기 읽 기 읽 기 읽 기 읽 기

놀 이 놀 이 놀 이 놀 이 놀 이 놀 이

원 숭 이 원 숭 이 원 숭 이 원 숭 이

노 래 노 래 노 래 노 래 노 래 노 래

활 동 활 동 활 동 활 동 활 동 활 동

소리 내어 문장을 읽고 천천히 다음 문장을 써 봅시다.

다정하게 인사해요.

다정하게 인사해요.

다정하게 인사해요.

오래오래 건강하시기

오래오래 건강하시기

오래오래 건강하시기

바랍니다. 안녕하세요.

바랍니다. 안녕하세요.

바랍니다. 안녕하세요.

오랜만입니다. 반갑습니다

오랜만입니다. 반갑습니다

오랜만입니다. 반갑습니다

우리 서로 학굣길에

우리 서로 학굣길에

우리 서로 학굣길에

만나면 웃는 얼굴 하고

만나면 웃는 얼굴 하고

만나면 웃는 얼굴 하고

 손뼉

소리 내어 낱말을 읽고 천천히 써 봅시다.

손	뼉	손	뼉	손	뼉	손	뼉	손	뼉	손	뼉

모	음	자	모	음	자	모	음	자	모	음	자

몸	몸	몸	몸	몸	몸	몸	몸	몸	몸

교	실	교	실	교	실	교	실	교	실

얼	굴	얼	굴	얼	굴	얼	굴	얼	굴

야옹 장난감 공 고양이 기차

| 미 | 소 | 미 | 소 | 미 | 소 | 미 | 소 | 미 | 소 | 미 | 소 |

| 무 | 무 | 무 | 무 | 무 | 무 | 무 | 무 | 무 | 무 |

| 파 | 파 | 파 | 파 | 파 | 파 | 파 | 파 | 파 | 파 |

| 오 | 이 | 오 | 이 | 오 | 이 | 오 | 이 | 오 | 이 | 오 | 이 |

| 도 | 라 | 지 | 도 | 라 | 지 | 도 | 라 | 지 | 도 | 라 | 지 |

고구마

소리 내어 낱말을 읽고 천천히 써 봅시다.

고	구	마	고	구	마	고	구	마	고	구	마

치	마	치	마	치	마	치	마	치	마	치	마

소	고	소	고	소	고	소	고	소	고	소	고

바	나	나	바	나	나	바	나	나	바	나	나

기	차	기	차	기	차	기	차	기	차	기	차

좋아요~ 신나요~ 야호~ 재미있어요~

너	구	리	너	구	리	너	구	리	너	구	리

오	소	리	오	소	리	오	소	리	오	소	리

동	물	동	물	동	물	동	물	동	물	동	물

사	자	사	자	사	자	사	자	사	자	사	자

자	라	자	라	자	라	자	라	자	라	자	라

소리 내어 문장을 읽고 천천히 다음 문장을 써 봅시다.

인사를 나눕시다. 애들아

인사를 나눕시다. 애들아

인사를 나눕시다. 애들아

하루 공부 마치고서

하루 공부 마치고서

하루 공부 마치고서

집으로 갈 때도 안녕

집으로 갈 때도 안녕

집으로 갈 때도 안녕

경험을 말해 봅시다.

경험을 말해 봅시다.

경험을 말해 봅시다.

상황에 맞는 인사말

상황에 맞는 인사말

상황에 맞는 인사말

싫어 좋아 내 마음이야

싫어 좋아 내 마음이야

싫어 좋아 내 마음이야

 할머니

소리 내어 낱말을 읽고 천천히 써 봅시다.

| 할 | 머 | 니 | 할 | 머 | 니 | 할 | 머 | 니 | 할 | 머 | 니 |

| 은 | 혜 | 은 | 혜 | 은 | 혜 | 은 | 혜 | 은 | 혜 | 은 | 혜 |

| 두 | 꺼 | 비 | 두 | 꺼 | 비 | 두 | 꺼 | 비 | 두 | 꺼 | 비 |

| 글 | 자 | 글 | 자 | 글 | 자 | 글 | 자 | 글 | 자 | 글 | 자 |

| 도 | 시 | 도 | 시 | 도 | 시 | 도 | 시 | 도 | 시 | 도 | 시 |

이야기 이야기 이야기 이야기

우유 우유 우유 우유 우유 우유

두루미 두루미 두루미 두루미

고추 고추 고추 고추 고추 고추

비 비 비 비 비 비 비 비 비 비

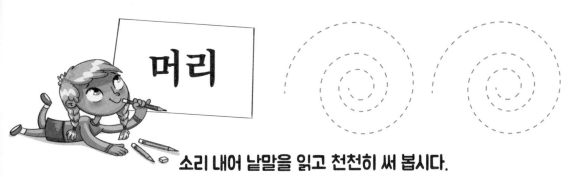

소리 내어 낱말을 읽고 천천히 써 봅시다.

머리 머리 머리 머리 머리 머리

이 마 이 마 이 마 이 마 이 마

허 리 허 리 허 리 허 리 허 리

코 코 코 코 코 코 코 코 코 코

다 리 다 리 다 리 다 리 다 리

한자한자 예쁘게, 또박또박 바르게 **바른 글씨 바른 마음씨**

이 이 이 이 이 이 이 이 이 이 이

밤 길 밤 길 밤 길 밤 길 밤 길 밤 길

달 님 달 님 달 님 달 님 달 님 달 님

개 구 리 개 구 리 개 구 리 개 구 리

치 과 치 과 치 과 치 과 치 과 치 과

소리 내어 문장을 읽고 천천히 다음 문장을 써 봅시다.

| 이 | 사과 | 잘 | 먹겠습니다 |

이 사과 잘 먹겠습니다

예쁘게 인사했더니 생글

생글 기분이 참 좋아요

한자한자 예쁘게, 또박또박 바르게 **바른 글씨 바른 마음씨**

길에서 어른 만났을 때

안녕히 주무셨어요?

잘 잤니? 고맙습니다.

노루

소리 내어 낱말을 읽고 천천히 써 봅시다.

노루 노루 노루 노루 노루 노루

외과 외과 외과 외과 외과 외과

인사 인사 인사 인사 인사 인사

할아버지 할아버지 할아버지

건강 건강 건강 건강 건강 건강

좋아요~ 오~~ 와! ~ 멋지다!

안 녕 안 녕 안 녕 안 녕 안 녕 안 녕

학 곳 길 학 곳 길 학 곳 길 학 곳 길

인 사 말 인 사 말 인 사 말 인 사 말

표 정 표 정 표 정 표 정 표 정 표 정

경 험 경 험 경 험 경 험 경 험 경 험

소리 내어 낱말을 읽고 천천히 써 봅시다.

마 음	마 음	마 음	마 음	마 음	마 음

상 황	상 황	상 황	상 황	상 황	상 황

괴 물	괴 물	괴 물	괴 물	괴 물	괴 물

빵	빵	빵	빵	빵	빵	빵	빵	빵	빵	빵

호 미	호 미	호 미	호 미	호 미	호 미

한자한자 예쁘게, 또박또박 바르게 **바른 글씨 바른 마음씨**

호랑이 나무 파도 물감 색연필

축	하	축	하	축	하	축	하	축	하	축	하

치	료	치	료	치	료	치	료	치	료	치	료

조	심	조	심	조	심	조	심	조	심

인	형	인	형	인	형	인	형	인	형

아	침	아	침	아	침	아	침	아	침

소리 내어 문장을 읽고 천천히 다음 문장을 써 봅시다.

학 교　다 녀 왔 습 니 다 .

학 교　다 녀 왔 습 니 다 .

학 교　다 녀 왔 습 니 다 .

조 심 해 서　가 라　잘　자 라

조 심 해 서　가 라　잘　자 라

조 심 해 서　가 라　잘　자 라

손 가 락　인 형 으 로　놀 이

손 가 락　인 형 으 로　놀 이

손 가 락　인 형 으 로　놀 이

오른손　내밀어　악수

오른손　내밀어　악수

오른손　내밀어　악수

아픈　친구를　만났을　때

아픈　친구를　만났을　때

아픈　친구를　만났을　때

친구야　많이　아프지 ?

친구야　많이　아프지 ?

친구야　많이　아프지 ?

소리 내어 낱말을 읽고 천천히 써 봅시다.

이웃집 이웃집 이웃집 이웃집

내일 내일 내일 내일 내일 내일

악수 악수 악수 악수 악수 악수

예의 예의 예의 예의 예의 예의

빨간색 빨간색 빨간색 빨간색

야옹 장난감 공 고양이 기차

노란색 노란색 노란색 노란색

입학 입학 입학 입학 입학 입학

받침 받침 받침 받침 받침 받침

빛 빛 빛 빛 빛 빛 빛 빛 빛 빛 빛

다람쥐 다람쥐 다람쥐 다람쥐

소리 내어 낱말을 읽고 천천히 써 봅시다.

| 손 | 수 | 건 | 손 | 수 | 건 | 손 | 수 | 건 | 손 | 수 | 건 |

| 줄 | 넘 | 기 | 줄 | 넘 | 기 | 줄 | 넘 | 기 | 줄 | 넘 | 기 |

| 준 | 비 | 물 | 준 | 비 | 물 | 준 | 비 | 물 | 준 | 비 | 물 |

| 문 | 방 | 구 | 문 | 방 | 구 | 문 | 방 | 구 | 문 | 방 | 구 |

| 아 | 저 | 씨 | 아 | 저 | 씨 | 아 | 저 | 씨 | 아 | 저 | 씨 |

초록색 초록색 초 록 색 초 록 색

숲 숲 숲 숲 숲 숲 숲 숲 숲 숲 숲

집 집 집 집 집 집 집 집 집 집 집

밭 밭 밭 밭 밭 밭 밭 밭 밭 밭 밭

돌 돌 돌 돌 돌 돌 돌 돌 돌 돌 돌

소리 내어 문장을 읽고 천천히 다음 문장을 써 봅시다.

받	침	이		있	는		글	자		빛
받	침	이		있	는		글	자		빛
받	침	이		있	는		글	자		빛

손	수	건	과		줄	넘	기	야	.
손	수	건	과		줄	넘	기	야	.
손	수	건	과		줄	넘	기	야	.

그	래	,		무	엇	을		줄	까	?
그	래	,		무	엇	을		줄	까	?
그	래	,		무	엇	을		줄	까	?

잊어버리지 않게 써

왔어요. 이거 주세요.

친구 이름을 써 보세요

소리 내어 낱말을 읽고 천천히 써 봅시다.

| 강 | 강 | 강 | 강 | 강 | 강 | 강 | 강 | 강 | 강 | 강 |

| 잠 | 잠 | 잠 | 잠 | 잠 | 잠 | 잠 | 잠 | 잠 | 잠 | 잠 |

| 쿵 | 쿵 | 쿵 | 쿵 | 쿵 | 쿵 | 쿵 | 쿵 | 쿵 | 쿵 | 쿵 |

| 팔 | 팔 | 팔 | 팔 | 팔 | 팔 | 팔 | 팔 | 팔 | 팔 |

| 문 | 문 | 문 | 문 | 문 | 문 | 문 | 문 | 문 | 문 | 문 |

한자한자 예쁘게, 또박또박 바르게 **바른 글씨 바른 마음씨**

학교 배 우리집 구름 꽃 바다 햇님

| 국 | 국 | 국 | 국 | 국 | 국 | 국 | 국 | 국 | 국 |

| 기둥 | 기둥 | 기둥 | 기둥 | 기둥 | 기둥 |

| 꽃 | 꽃 | 꽃 | 꽃 | 꽃 | 꽃 | 꽃 | 꽃 | 꽃 | 꽃 |

| 언덕 | 언덕 | 언덕 | 언덕 | 언덕 | 언덕 |

| 도망 | 도망 | 도망 | 도망 | 도망 | 도망 |

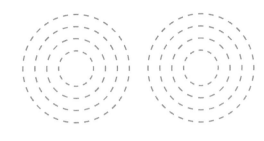

소리 내어 낱말을 읽고 천천히 써 봅시다.

호	랑	이	호	랑	이	호	랑	이	호	랑	이

솜	사	탕	솜	사	탕	솜	사	탕	솜	사	탕

까	닭	까	닭	까	닭	까	닭	까	닭	까	닭

못	물	못	물	못	물	못	물	못	물	못	물

책	상	책	상	책	상	책	상	책	상	책	상

| 필 | 통 | 필 | 통 | 필 | 통 | 필 | 통 | 필 | 통 | 필 | 통 |

| | | | | | | | | | | | |

| 책 | 책 | 책 | 책 | 책 | 책 | 책 | 책 | 책 | 책 |

| | | | | | | | | | | | |

| 연 | 필 | 연 | 필 | 연 | 필 | 연 | 필 | 연 | 필 |

| | | | | | | | | | | | |

| 칠 | 판 | 칠 | 판 | 칠 | 판 | 칠 | 판 | 칠 | 판 |

| | | | | | | | | | | | |

| 탈 | 출 | 탈 | 출 | 탈 | 출 | 탈 | 출 | 탈 | 출 |

| | | | | | | | | | | | |

소리 내어 문장을 읽고 천천히 다음 문장을 써 봅시다.

예쁜 꽃이 피었습니다.

예쁜 꽃이 피었습니다.

예쁜 꽃이 피었습니다.

깡충깡충 토끼야 안녕

깡충깡충 토끼야 안녕

깡충깡충 토끼야 안녕

폴짝폴짝 왜 도망가니

폴짝폴짝 왜 도망가니

폴짝폴짝 왜 도망가니

어슬렁어슬렁 호랑이야.

어슬렁어슬렁 호랑이야.

어슬렁어슬렁 호랑이야.

어흥 아이, 깜짝이야.

어흥 아이, 깜짝이야.

어흥 아이, 깜짝이야.

커다랗고 새하얀 솜사탕

커다랗고 새하얀 솜사탕

커다랗고 새하얀 솜사탕

소리 내어 낱말을 읽고 천천히 써 봅시다.

자 동 차 | 자 동 차 | 자 동 차 자 동 차

보 름 달 | 보 름 달 | 보 름 달 보 름 달

달 리 기 | 달 리 기 | 달 리 기 달 리 기

염 소 | 염 소 | 염 소 염 소 염 소 염 소

농 구 | 농 구 | 농 구 농 구 농 구 농 구

좋아요~ 오~~ 와! ~ 멋지다!

간판 간판 간판 간판 간판 간판

우체국 우체국 우체국 우체국

놀이터 놀이터 놀이터 놀이터

소방서 소방서 소방서 소방서

마늘 마늘 마늘 마늘 마늘 마늘

소리 내어 낱말을 읽고 천천히 써 봅시다.

| 꼬 리 | 꼬 리 | 꼬 리 | 꼬 리 | 꼬 리 | 꼬 리 |

| 강 아 지 | 강 아 지 | 강 아 지 | 강 아 지 |

| 시 소 | 시 소 | 시 소 | 시 소 | 시 소 | 시 소 |

| 미 끄 럼 틀 | 미 끄 럼 틀 | 미 끄 럼 틀 |

| 콩 쥐 | 콩 쥐 | 콩 쥐 | 콩 쥐 | 콩 쥐 | 콩 쥐 |

호랑이 나무 따도 물감 색연필

항	아	리	항	아	리	항	아	리	항	아	리

용	궁	용	궁	용	궁	용	궁	용	궁	용	궁

의	자	의	자	의	자	의	자	의	자	의	자

밧	줄	밧	줄	밧	줄	밧	줄	밧	줄	밧	줄

문	어	문	어	문	어	문	어	문	어	문	어

소리 내어 문장을 읽고 천천히 다음 문장을 써 봅시다.

둥둥	동동	풍덩	퐁당
둥둥	동동	풍덩	퐁당
둥둥	동동	풍덩	퐁당

거꾸로	꽂지	마시오.
거꾸로	꽂지	마시오.
거꾸로	꽂지	마시오.

마을	곳곳에	있는	간판
마을	곳곳에	있는	간판
마을	곳곳에	있는	간판

생각을　나타내요.

호랑이가　세수를　합니다

동생이　책을　읽습니다.

물

소리 내어 낱말을 읽고 천천히 써 봅시다.

물	물	물	물	물	물	물	물	물	물

밥	밥	밥	밥	밥	밥	밥	밥	밥	밥

악어	악어	악어	악어	악어

공	공	공	공	공	공	공	공	공	공

꽃잎	꽃잎	꽃잎	꽃잎	꽃잎

야옹 장난감 공 고양이 기차

| 세 수 | 세 수 | 세 수 | 세 수 | 세 수 | 세 수 |

| 이 슬 | 이 슬 | 이 슬 | 이 슬 | 이 슬 | 이 슬 |

| 목 욕 | 목 욕 | 목 욕 | 목 욕 | 목 욕 | 목 욕 |

| 소 낙 비 | 소 낙 비 | 소 낙 비 | 소 낙 비 |

| 풀 밭 | 풀 밭 | 풀 밭 | 풀 밭 | 풀 밭 | 풀 밭 |

달팽이

소리 내어 낱말을 읽고 천천히 써 봅시다.

| 달 | 팽 | 이 | 달 | 팽 | 이 | 달 | 팽 | 이 | 달 | 팽 | 이 |

| 손 | 바 | 닥 | 손 | 바 | 닥 | 손 | 바 | 닥 | 손 | 바 | 닥 |

| 돌 | 멩 | 이 | 돌 | 멩 | 이 | 돌 | 멩 | 이 | 돌 | 멩 | 이 |

| 껍 | 데 | 기 | 껍 | 데 | 기 | 껍 | 데 | 기 | 껍 | 데 | 기 |

| 플 | 라 | 스 | 틱 | 플 | 라 | 스 | 틱 | 플 | 라 | 스 | 틱 |

좋아요~ 신나요~ 야호~ 재미있어요~

| 아 | 빠 | 아 | 빠 | 아 | 빠 | 아 | 빠 | 아 | 빠 | 아 | 빠 |

| 사 | 진 | 사 | 진 | 사 | 진 | 사 | 진 | 사 | 진 | 사 | 진 |

| 차 | 례 | 차 | 례 | 차 | 례 | 차 | 례 | 차 | 례 | 차 | 례 |

| 보 | 자 | 기 | 보 | 자 | 기 | 보 | 자 | 기 | 보 | 자 | 기 |

| 부 | 호 | 부 | 호 | 부 | 호 | 부 | 호 | 부 | 호 | 부 | 호 |

소리 내어 문장을 읽고 천천히 다음 문장을 써 봅시다.

강아지가 반가워합니다.

강아지가 반가워합니다.

강아지가 반가워합니다.

놀이터에서 놀아요.

놀이터에서 놀아요.

놀이터에서 놀아요.

미끄럼틀을 타고 놀아요

미끄럼틀을 타고 놀아요

미끄럼틀을 타고 놀아요

콩쥐가 울고 있는 까닭

항아리가 깨졌습니다.

두꺼비가 도와줍니다.

소리 내어 낱말을 읽고 천천히 써 봅시다.

문 장	문 장	문 장	문 장	문 장	문 장

형 님	형 님	형 님	형 님	형 님	형 님

나 무 꾼	나 무 꾼	나 무 꾼	나 무 꾼

잘 못	잘 못	잘 못	잘 못	잘 못	잘 못

쉼 표	쉼 표	쉼 표	쉼 표	쉼 표	쉼 표

학교 배 우리집 구름 꽃 바다 햇님

| 마 | 침 | 표 | 마 | 침 | 표 | 마 | 침 | 표 | 마 | 침 | 표 |

| 느 | 낌 | 표 | 느 | 낌 | 표 | 느 | 낌 | 표 | 느 | 낌 | 표 |

| 물 | 음 | 표 | 물 | 음 | 표 | 물 | 음 | 표 | 물 | 음 | 표 |

| 산 | 길 | 산 | 길 | 산 | 길 | 산 | 길 | 산 | 길 |

| 사 | 냥 | 사 | 냥 | 사 | 냥 | 사 | 냥 | 사 | 냥 |

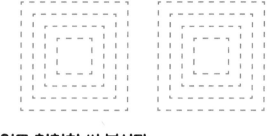

소리 내어 낱말을 읽고 천천히 써 봅시다.

고 기	고 기	고 기	고 기	고 기	고 기

떡	떡	떡	떡	떡	떡	떡	떡	떡	떡

편 지	편 지	편 지	편 지	편 지	편 지

선 물	선 물	선 물	선 물	선 물

크 레 파 스	크 레 파 스	크 레 파 스

극장 극 장 극 장 극 장 극 장 극 장

외투 외 투 외 투 외 투 외 투

입김 입 김 입 김 입 김 입 김

옷 옷 옷 옷 옷 옷 옷 옷 옷 옷

옷깃 옷 깃 옷 깃 옷 깃 옷 깃

소리 내어 문장을 읽고 천천히 다음 문장을 써 봅시다.

자라가 토끼를 만납니다

함께 용궁으로 갑니다.

토끼가 밥을 먹습니다.

한자한자 예쁘게, 또박또박 바르게 **바른 글씨 바른 마음씨**

사자가 공을 찹니다.

사자가 공을 찹니다.

사자가 공을 찹니다.

악어가 이를 닦습니다.

악어가 이를 닦습니다.

악어가 이를 닦습니다.

기린이 물을 마십니다.

기린이 물을 마십니다.

기린이 물을 마십니다.

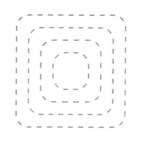

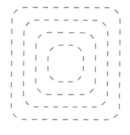

소리 내어 낱말을 읽고 천천히 써 봅시다.

흥부 흥부 흥부 흥부 흥부 흥부

놀부 놀부 놀부 놀부 놀부 놀부

동화책 동화책 동화책 동화책

그림일기 그림일기 그림일기

시골 시골 시골 시골 시골 시골

좋아요~ 오~~ 와! ~ 멋지다!

| 음 | 식 | 음 | 식 | 음 | 식 | 음 | 식 | 음 | 식 | 음 | 식 |

| 하 | 루 | 하 | 루 | 하 | 루 | 하 | 루 | 하 | 루 | 하 | 루 |

| 점 | 심 | 점 | 심 | 점 | 심 | 점 | 심 | 점 | 심 | 점 | 심 |

| 저 | 녁 | 저 | 녁 | 저 | 녁 | 저 | 녁 | 저 | 녁 | 저 | 녁 |

| 해 | 님 | 해 | 님 | 해 | 님 | 해 | 님 | 해 | 님 | 해 | 님 |

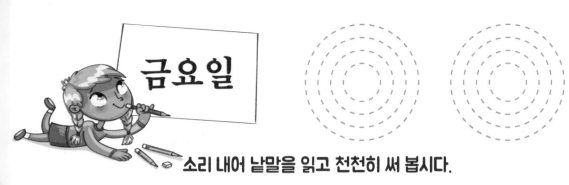

소리 내어 낱말을 읽고 천천히 써 봅시다.

금요일 금요일 금요일 금요일

생일잔치 생일잔치 생일잔치

통닭 통닭 통닭 통닭 통닭 통닭

과자 과자 과자 과자 과자 과자

날짜 날짜 날짜 날짜 날짜 날짜

한자한자 예쁘게, 또박또박 바르게 **바른 글씨 바른 마음씨**

호랑이 나무 파도 물감 색연필

날	씨	날	씨	날	씨	날	씨	날	씨	날	씨

요	일	요	일	요	일	요	일	요	일

느	낌	느	낌	느	낌	느	낌	느	낌

화	요	일	화	요	일	화	요	일	화	요	일

주	사	위	주	사	위	주	사	위	주	사	위

소리 내어 문장을 읽고 천천히 다음 문장을 써 봅시다.

방울방울 이슬이 닦아

방울방울 이슬이 닦아

방울방울 이슬이 닦아

주룩주룩 소낙비 씻어

주룩주룩 소낙비 씻어

주룩주룩 소낙비 씻어

달팽이를 집으로 데려가

달팽이를 집으로 데려가

달팽이를 집으로 데려가

부지런히 집으로 돌아와

부지런히 집으로 돌아와

부지런히 집으로 돌아와

작은 돌멩이 같아요.

작은 돌멩이 같아요.

작은 돌멩이 같아요.

움직이기 시작했어요.

움직이기 시작했어요.

움직이기 시작했어요.

소리 내어 낱말을 읽고 천천히 써 봅시다.

기억 기억 기억 기억 기억 기억

장면 장면 장면 장면 장면 장면

찰흙 찰흙 찰흙 찰흙 찰흙 찰흙

칭찬 칭찬 칭찬 칭찬 칭찬 칭찬

바람 바람 바람 바람 바람 바람

야옹 장난감 공 고양이 기차

시 원 시 원 시 원 시 원 시 원 시 원

숙 제 숙 제 숙 제 숙 제 숙 제 숙 제

늦 잠 늦 잠 늦 잠 늦 잠 늦 잠 늦 잠

발 표 회 발 표 회 발 표 회 발 표 회

모 둠 모 둠 모 둠 모 둠 모 둠 모 둠

주소

소리 내어 낱말을 읽고 천천히 써 봅시다.

| 주 소 | 주 소 | 주 소 | 주 소 | 주 소 | 주 소 |

| 시 간 표 | 시 간 표 | 시 간 표 | 시 간 표 |

| 색 칠 | 색 칠 | 색 칠 | 색 칠 | 색 칠 | 색 칠 |

| 역 할 | 역 할 | 역 할 | 역 할 | 역 할 | 역 할 |

| 표 현 | 표 현 | 표 현 | 표 현 | 표 현 | 표 현 |

좋아요~ 신나요~ 야호~ 재미있어요~

| 가 운 데 | 가 운 데 | 가 운 데 | 가 운 데 |

| 작 품 | 작 품 | 작 품 | 작 품 | 작 품 | 작 품 |

| 자 료 | 자 료 | 자 료 | 자 료 | 자 료 | 자 료 |

| 학 년 | 학 년 | 학 년 | 학 년 | 학 년 | 학 년 |

| 초 등 학 교 | 초 등 학 교 | 초 등 학 교 |

소리 내어 문장을 읽고 천천히 다음 문장을 써 봅시다.

또박또박 큰 소리로

또박또박 큰 소리로

또박또박 큰 소리로

우리 차례가 왔어요.

우리 차례가 왔어요.

우리 차례가 왔어요.

우리 편이 이겼어요.

우리 편이 이겼어요.

우리 편이 이겼어요.

어서 들어가자.

어서 들어가자.

어서 들어가자.

어서 들어가, 자.

어서 들어가, 자.

어서 들어가, 자.

어서 들어. 가자!

어서 들어. 가자!

어서 들어. 가자!

**다음 이야기를 소리 내어 읽고
천천히 써 봅시다.**

	사	냥	꾼	이		산	에	서		곰	을
만	났	습	니	다	.		사	냥	꾼	은		깜
짝		놀	랐	어	요	.					

	사	냥	꾼	이		산	에	서		곰	을
만	났	습	니	다	.		사	냥	꾼	은		깜
짝		놀	랐	어	요	.					

친구들과 함께 맛있는 도시락을 먹었습니다. 엄마가 아침에 싸 주신 도시락이에요.

친구들과 함께 맛있는 도시락을 먹었습니다. 엄마가 아침에 싸 주신 도시락이에요.

다음 이야기를 소리 내어 읽고 천천히 써 봅시다.

나는 생일 선물로 멋
진 장난감 자동차를 받
았습니다.

나는 생일 선물로 멋
진 장난감 자동차를 받
았습니다.

세상에서 가장 빠른
동물은 무엇일까요? 왜
그렇게 생각하나요?

세상에서 가장 빠른
동물은 무엇일까요? 왜
그렇게 생각하나요?

다음 이야기를 소리 내어 읽고 천천히 써 봅시다.

나	는		오	늘		야	구	장	에
갔	다	.	아	버	지	와		함	께	버
스	를		타	고		갔	다	.	

나	는		오	늘		야	구	장	에
갔	다	.	아	버	지	와		함	께	버
스	를		타	고		갔	다	.	

오늘은 비가 왔는데
번개가 번쩍 천둥이 우
르릉 쾅쾅 너무 무서워
서 덜덜 떨었다.

오늘은 비가 왔는데
번개가 번쩍 천둥이 우
르릉 쾅쾅 너무 무서워
서 덜덜 떨었다.

**다음 이야기를 소리 내어 읽고
천천히 써 봅시다.**

엄마가 김밥을 만들어
주셨다. 엄마가 만들어
주신 김밥은 맛있다.

엄마가 김밥을 만들어
주셨다. 엄마가 만들어
주신 김밥은 맛있다.

한자한자 예쁘게, 또박또박 바르게 **바른 글씨 바른 마음씨**

피아노학원 끝나고 친구와 함께 놀이터에서 놀았다. 재미있었다.

피아노학원 끝나고 친구와 함께 놀이터에서 놀았다. 재미있었다.

**다음 이야기를 소리 내어 읽고
천천히 써 봅시다.**

할머니께서 우리 집에
오셨다. 시골에서 만든
음식을 많이 가지고 오
셨다.

할머니께서 우리 집에
오셨다. 시골에서 만든
음식을 많이 가지고 오
셨다.

한자한자 예쁘게, 또박또박 바르게 바른 글씨 바른 마음씨

친구들과 공놀이를 했
다. 아쉽게 우리 편이
졌다. 다음에는 꼭 이겨
야지.

친구들과 공놀이를 했
다. 아쉽게 우리 편이
졌다. 다음에는 꼭 이겨
야지.

**다음 이야기를 소리 내어 읽고
천천히 써 봅시다.**

친구 집에서 생일잔치
를 했다. 통닭과 과자를
맛있게 먹었다. 내 생일
도 빨리 왔으면 좋겠다
.

친구 집에서 생일잔치
를 했다. 통닭과 과자를
맛있게 먹었다. 내 생일
도 빨리 왔으면 좋겠다

.

학교에서 공 굴리기
놀이를 했다. 공을 세
번 굴렸는데 깃발은 한
개만 넘어졌다.

학교에서 찰흙으로 강
아지를 만들었다. 선생님
께 칭찬을 받았다. 또
만들고 싶다.

나는 오늘 아침에 일
어나 밥을 먹고 학교에
가서 공부를 했다. 그
리고 집에 와서 숙제를
하고 잤다.

나는 오늘 아침에 일
어나 밥을 먹고 학교에
가서 공부를 했다. 그
리고 집에 와서 숙제를
하고 잤다.

다음 이야기를 소리 내어 읽고
천천히 써 봅시다.

미	술		시	간	에		동	생		얼
굴	을		그	렸	다	.	잘		그	렸	는
데		동	생	하	고		안		닮	았	다
.	나	도		그	림	을		잘		그	리
고		싶	다	.

미	술		시	간	에		동	생		얼
굴	을		그	렸	다	.	잘		그	렸	는
데		동	생	하	고		안		닮	았	다
.	나	도		그	림	을		잘		그	리
고		싶	다	.

오늘 아침에 늦게 일어나서 학교에 지각했다. 엄마가 일찍 깨워주지 않았다. 내일은 내가 일어나야지.

다음 이야기를 소리 내어 읽고 천천히 써 봅시다.

친구들과 나는 선생님
하고 동물원에 갔다. 호
랑이와 코끼리, 그리고
다른 동물들도 많이 있
었다. 참 신기했다.

친구들과 나는 선생님
하고 동물원에 갔다. 호
랑이와 코끼리, 그리고
다른 동물들도 많이 있
었다. 참 신기했다.

우리학교버스

운동장에서 친구들과
달리기를 했다. 누가 빨
리 달리는지 시합을 했
다. 숨이 차서 눈물이
났다.

운동장에서 친구들과
달리기를 했다. 누가 빨
리 달리는지 시합을 했
다. 숨이 차서 눈물이
났다.

**다음 이야기를 소리 내어 읽고
천천히 써 봅시다.**

오늘은 날씨가 너무
추웠다. 그래서 감기에
걸렸다. 콧물이 나오고
머리가 많이 아팠다.

오늘은 날씨가 너무
추웠다. 그래서 감기에
걸렸다. 콧물이 나오고
머리가 많이 아팠다.

동생이 장난감을 망가
뜨려서 화가 났다. 엄마
한테 동생 혼내주세요
했는데 엄마가 사이좋게
놀라고 하셨다.

동생이 장난감을 망가
뜨려서 화가 났다. 엄마
한테 동생 혼내주세요
했는데 엄마가 사이좋게
놀라고 하셨다.

한자한자 예쁘게
또박또박 바르게
바른 글씨
바른 마음씨